L'art est ce qui rend la vie plus intéressante que l'art….

Robert Filiou (1926-1987)

Image de couverture

Magical Mysterious Light. 2007

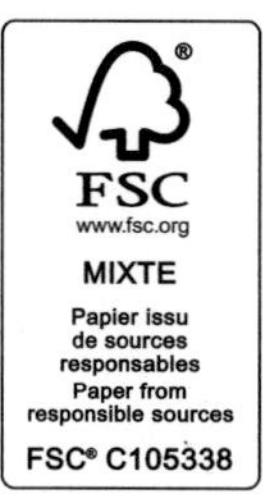

© 2024 Jean Paul Margnac
Édition : BoD · Books on Demand, 31 avenue Saint-Rémy,
57600 Forbach, bod@bod.fr
Impression : Libri Plureos GmbH, Friedensallee 273,
22763 Hamburg (Allemagne)
ISBN : 978-2-3225-5942-8
Dépôt légal : Décembre 2024

Photographe Plasticien, une désignation ambiguë.

A l'orée des années deux-mille, les logiciels de traitement d'images ont offert aux photographes la possibilité de réinterpréter leurs clichés numériques à l'infini.

Au-delà de la classique retouche, pratiquée dès la naissance de la photographie, ils proposaient au photographe une palette d'effets visuels inédits lui permettant de passer du simple statut de "collecteur d'images" à celui d'artiste plasticien.

Un photographe plasticien n'est donc pas un plasticien photographiant ses œuvres mais, en retravaillant ses clichés, le révélateur d'une réalité inattendue.

D'où ce projet :

« Réenchanter le quotidien en subvertissant le réel »

Et tout d'abord, pourquoi

« Subvertir le réel ?»

Notre regard est aliéné à notre insu par un environnement visuel et
sonore au service d'une société d'hyper consommation
n'offrant qu'un réel travesti, banalisé et insidieusement anesthésiant.

L'un des effets de cette manipulation est de détourner notre regard
de la variété du quotidien pour n'avoir d'yeux que pour un monde
"féérique", inatteignable pour la majorité d'entre nous.

A ce compte, le banal est réputé gris, désespérément gris…

Le but de notre projet est de déjouer ces effets
en révélant un environnement potentiellement
riche de formes et de couleurs.

Car l'aliénation du sujet sera d'autant plus efficace
qu'il se montrera peu intéressé par d'autres représentations
de son quotidien. L'art contemporain par exemple…

A cet égard, la citation de *Robert Filiou,* citée en exergue,
semble particulièrement pertinente…

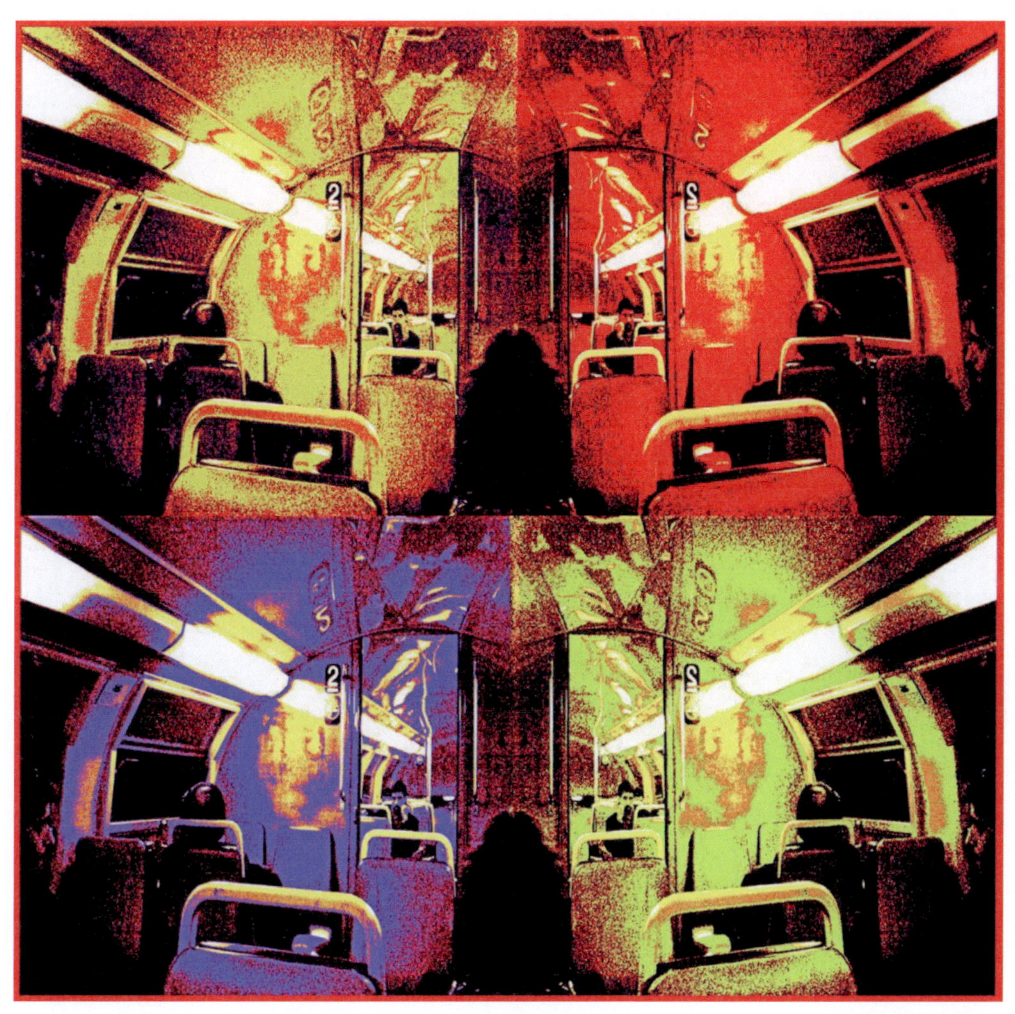

2nd class checkerboard. 2010.

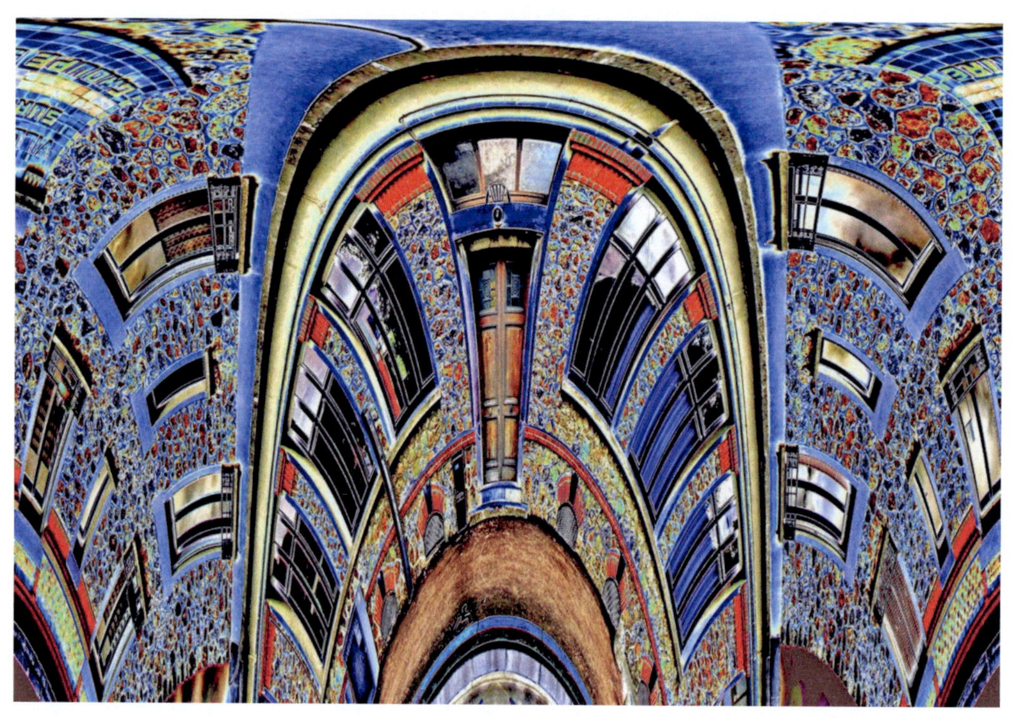

Transfiguration one. 2006.

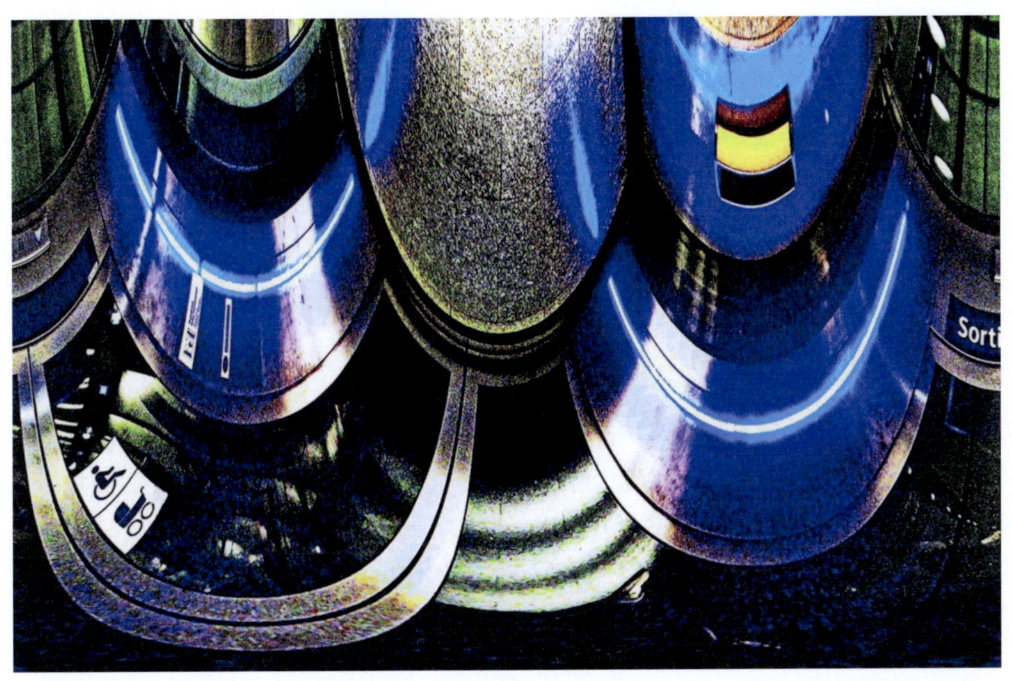

Way Out in Blue. 2009.

Au fait, c'est quoi le "réel" ?

Pour les philosophes platoniciens, le "réel" est un absolu métaphysique
que notre esprit reconstruit et nomme "réalité" sans jamais
se l'approprier totalement.

A l'opposé, les matérialistes considèrent toute représentation
comme une construction sociale servant un but politique.

D'où la charge de Guy Debord sur le "Spectaculaire intégré",
dénonçant à la suite de Marx, Lukács, Marcuse,
l'aliénation par une "marchandise" qui ne serait plus seulement
des "biens" mais un "spectacle", activant
les mêmes leviers avec un pouvoir décuplé.

Ne soyons pas naïfs. Ce ne sera pas en proposant plus d'images
que l'on échappera à cette aliénation du regard,
certes douce mais pernicieuse à long terme.

Au moins espérons-nous, à travers celles que nous présentons,
augmenter la variété des représentations du quotidien
et le plaisir ravivé de les contempler…

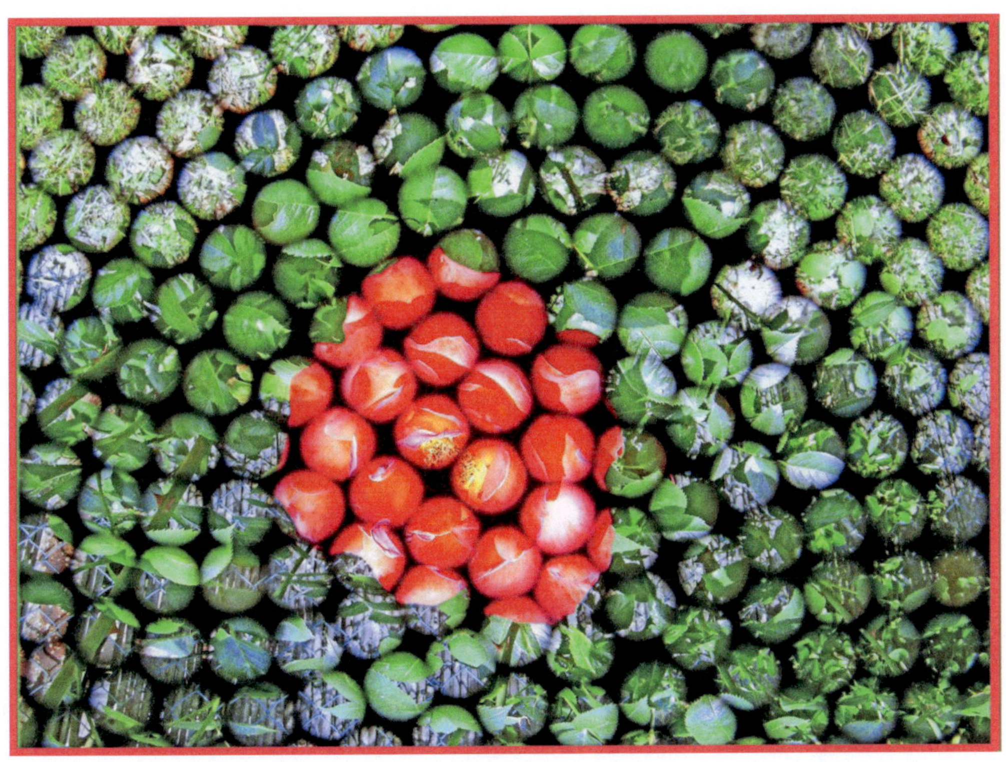

Nature is fractal. 2004.

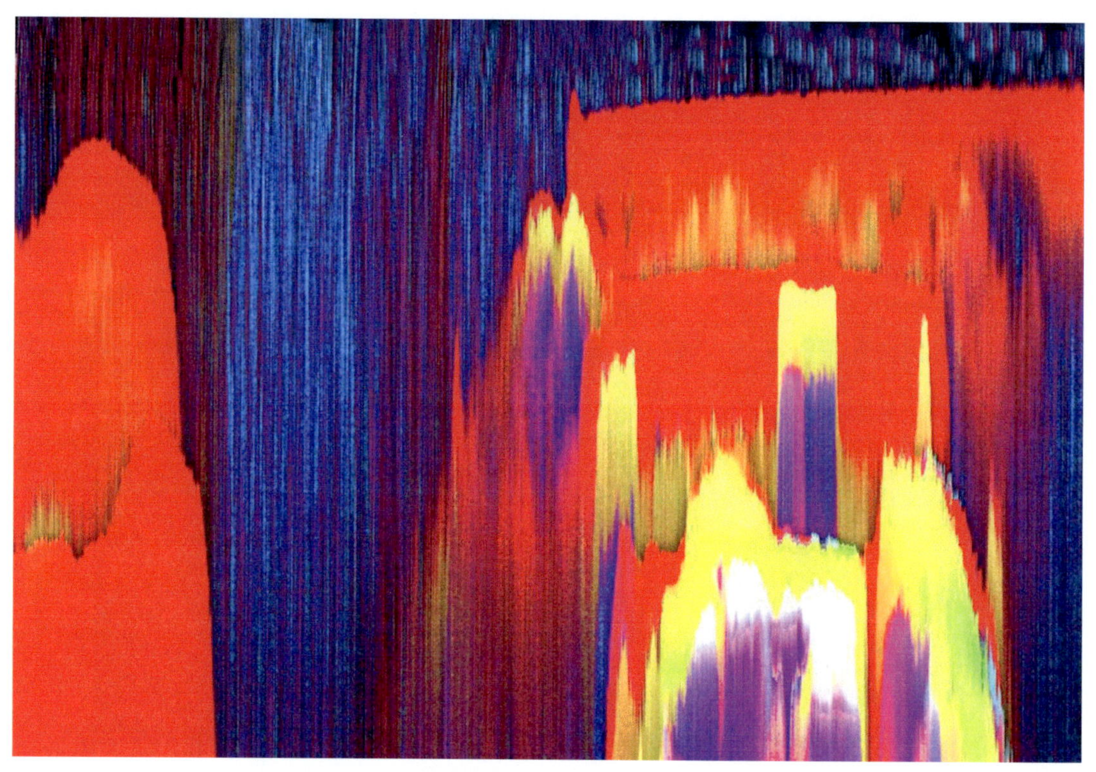

New York Skyline. 2007

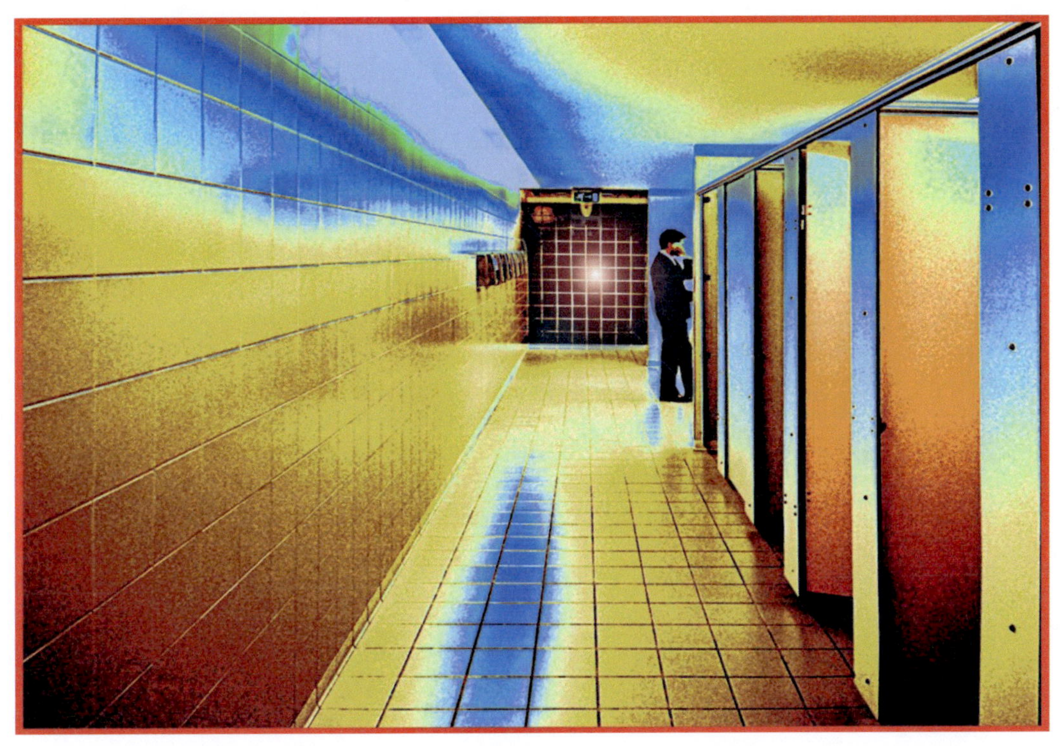

Tribute to Stanley Kubrick. 2004.

La nature, dans le cadre de ce projet,

c'est la vie quotidienne, son ressenti, ses objets…

En tant que photographe, dès ses premiers clichés pris dans les

années cinquante, l'auteur s'est inspiré de la photographie humaniste.

A l'opposé du sensationnel, voire du pervers ('le choc des photos !"),

le photographe humaniste porte un regard tendre et toujours émerveillé

sur le monde qu'il photographie.

En espérant que cette intention transparaisse

dans les œuvres présentées.

:

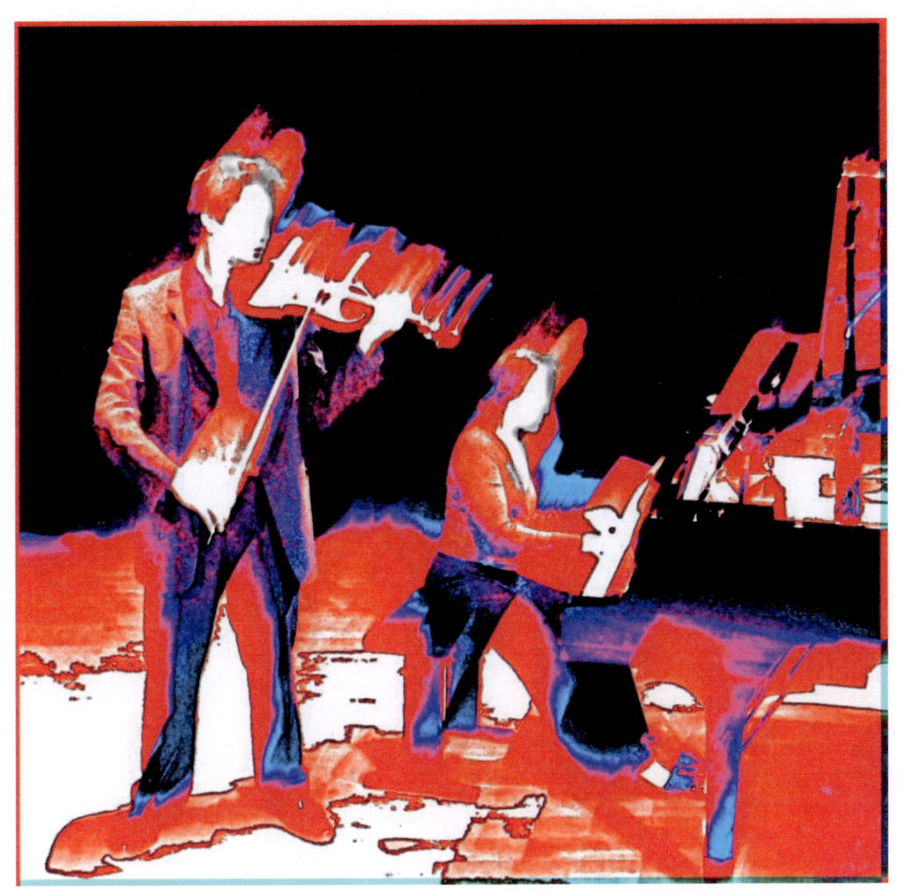

Allegro Appassionato. 2008

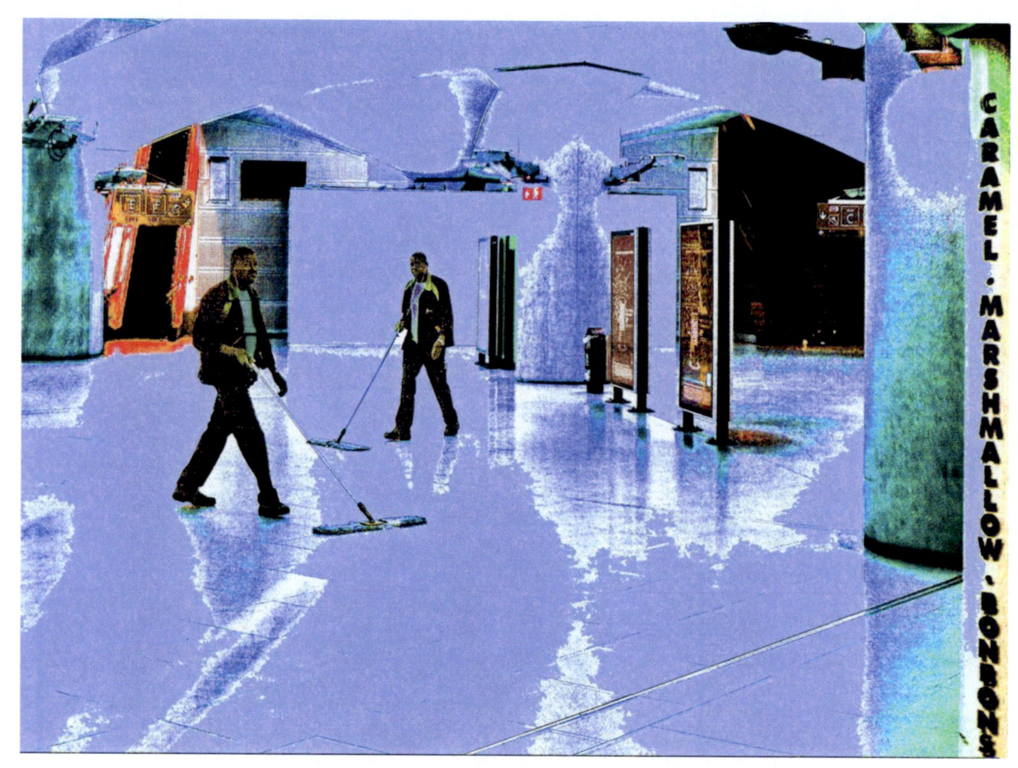

The sweeper's ballet at night. 2009.

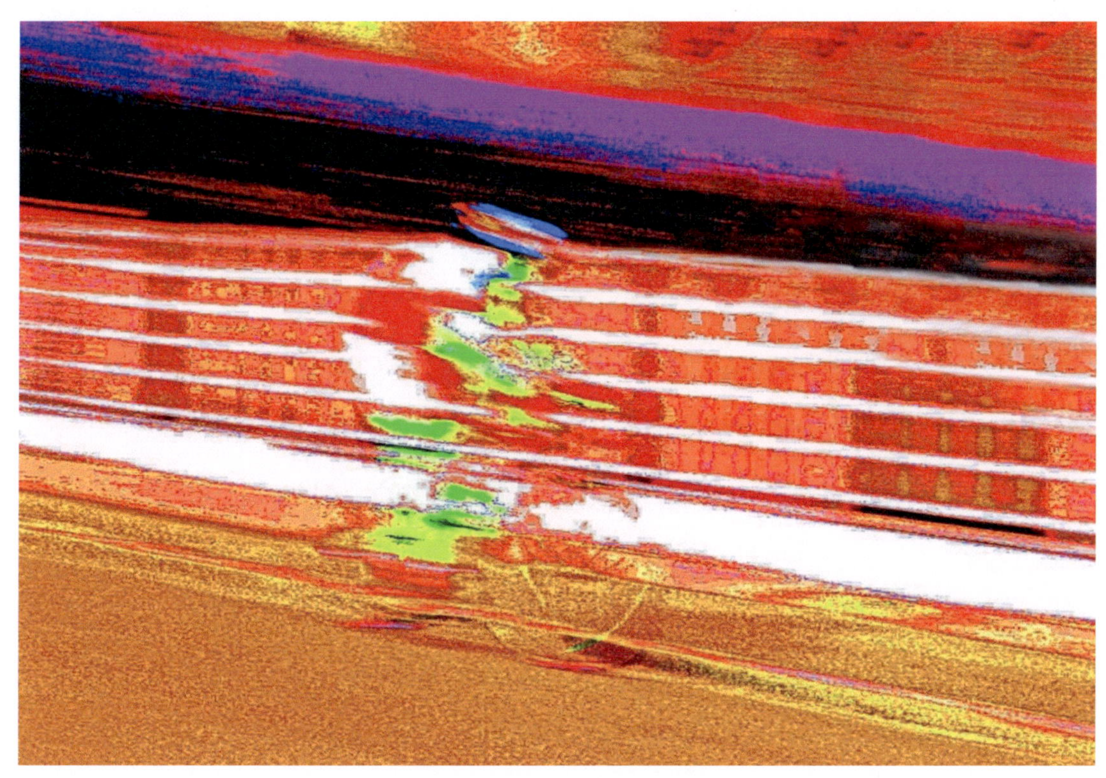

Solitary Runner. 2006.

Résumons.

La matière du photographe plasticien,

du moins pour l'auteur, est un cliché,

capture numérique d'une scène souvent banale,

qu'il entreprendra de réinterpréter…

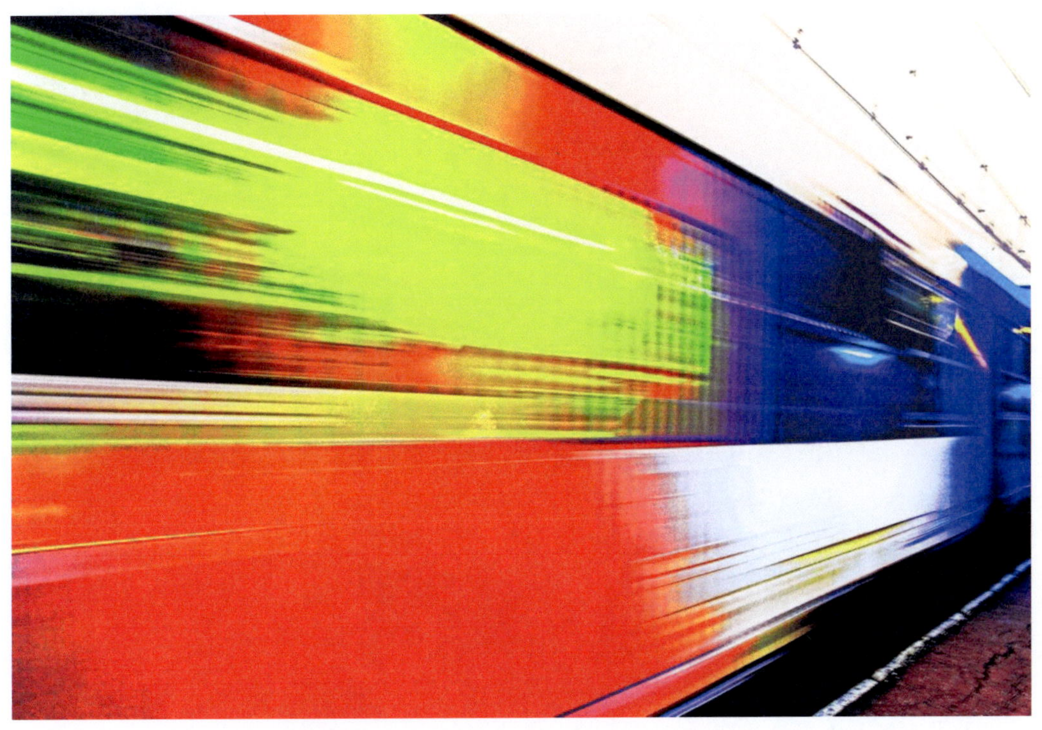

Why are you going so fast ? 2010.

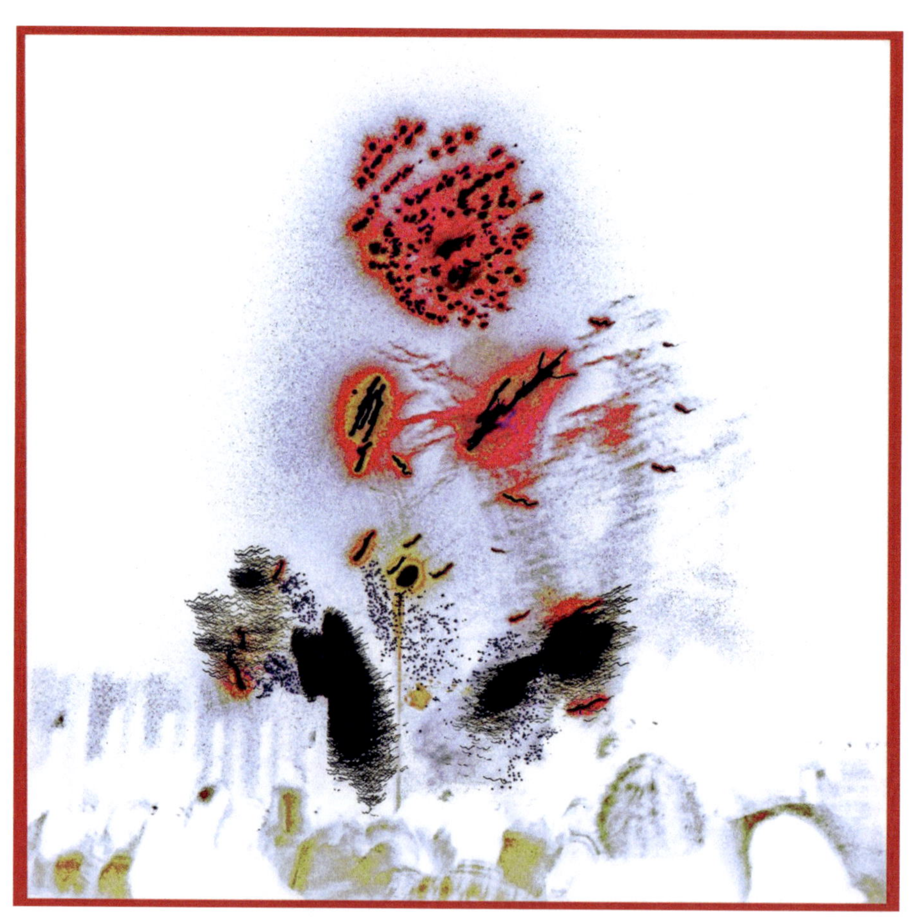

Digital Rorschach one. 2008

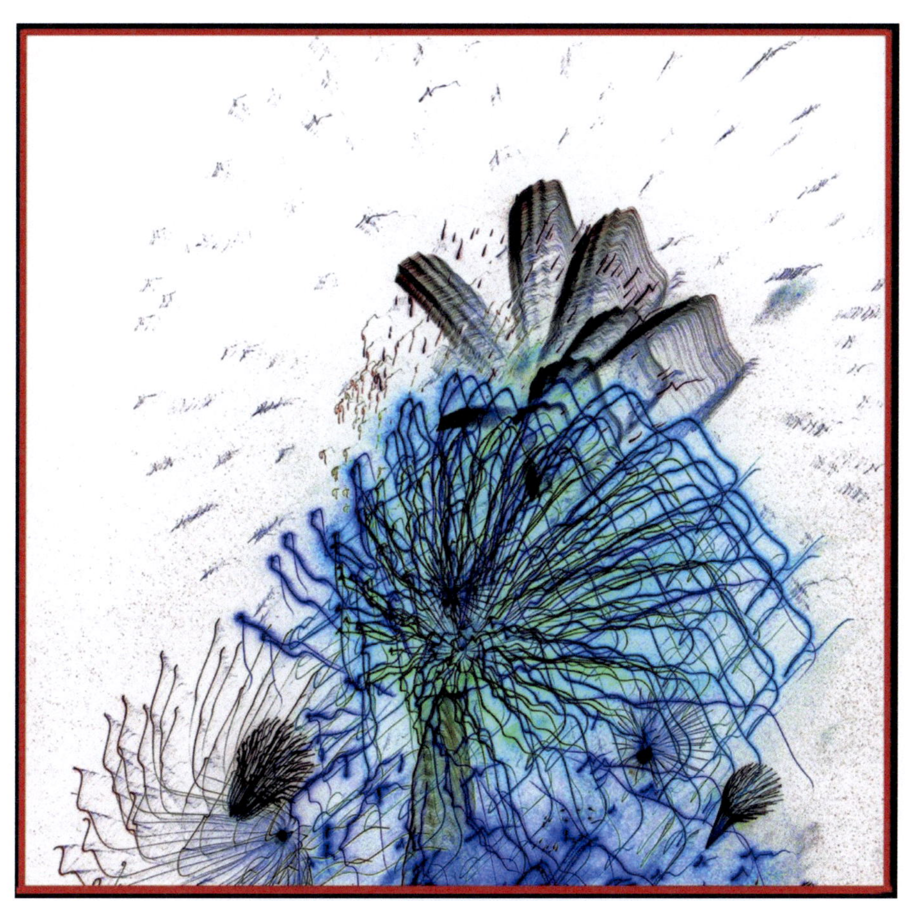

Digital Rorschach two. 2008

Nous sommes aussi les enfants de Warhol !

Que nous a-t-il appris ?

Dans le processus de reproduction mécanique des œuvres,
le passage de l'unique au multiple, est la réponse de l'artiste à une
société de massification, culture de masse,
consommation de masse, *mass media*…

Ainsi, dans un monde où l'abondance de signes est à la mesure
de la pauvreté de sens, la réplication d'une même image
ferait émerger un sens nouveau.

Le message est d'autant plus pertinent qu'il met en évidence
la surabondance consubstantielle à la *Mass Consumption*…

Aiguisant l'œil du spectateur en lui proposant de considérer
autrement sa banalité, l'objet, le simple objet du quotidien, accède
alors au statut d'œuvre d'art…

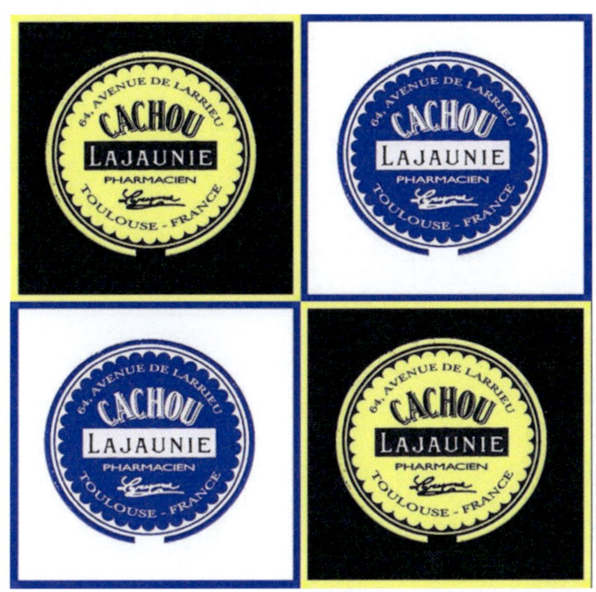

Le Cachou La jaunie. 2005.

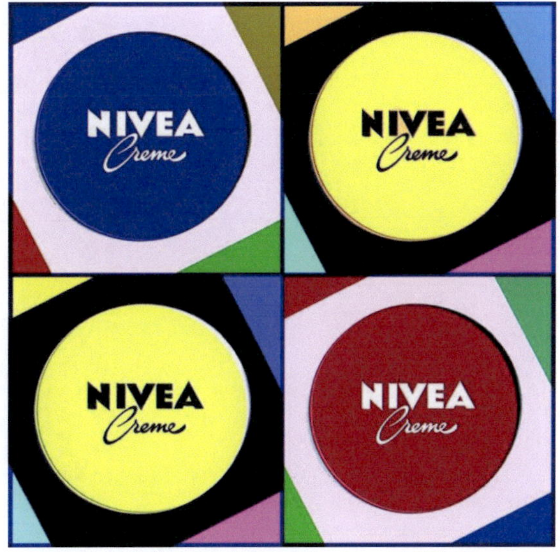

Crème des crèmes. 2007.

Sans se priver d'autres influences, comme l'Op' art …

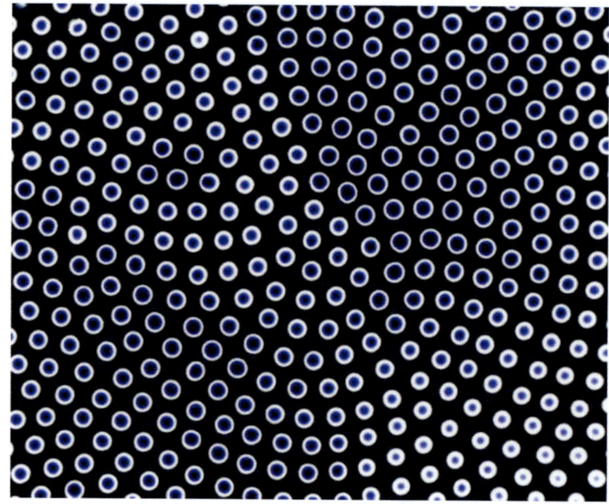

Points Lattice in Mauve. 2006.

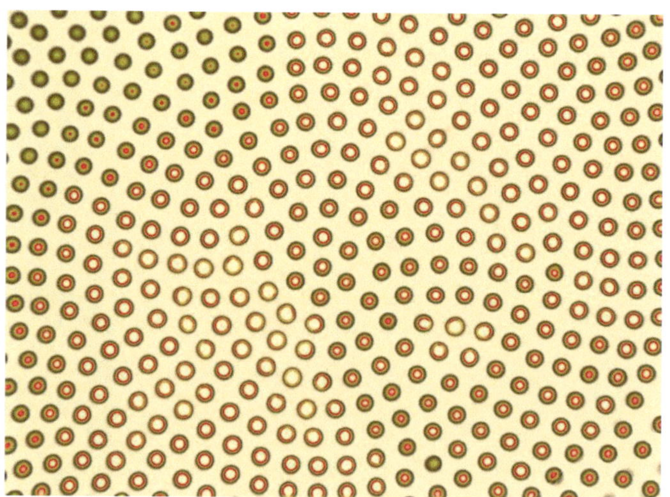

Points Lattice in Yellow. 2006.

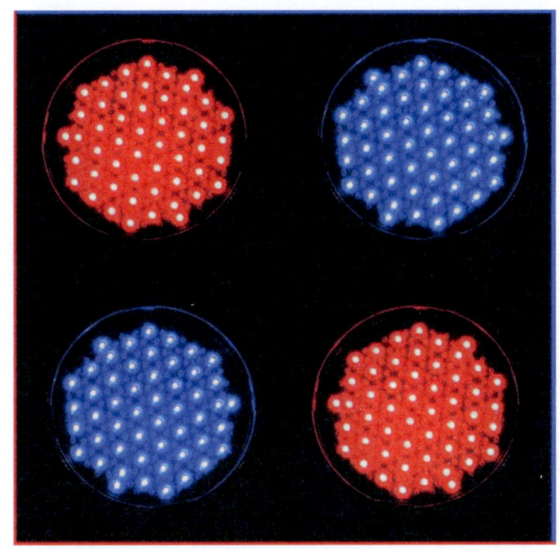

Digital Sunflowers. 2006.

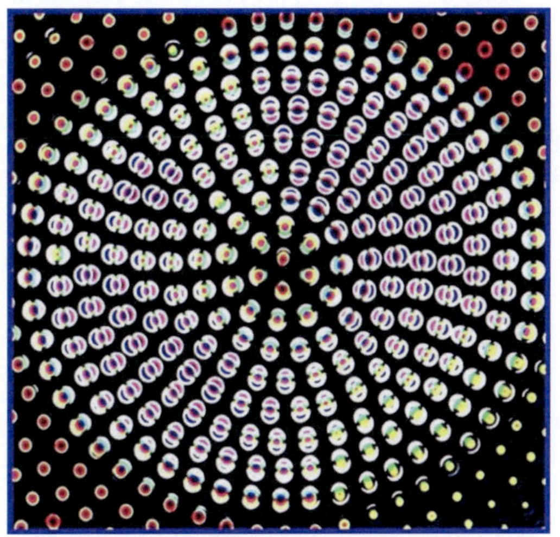

Diffraction. 2004

Et parfois le résultat ne dévoile pas spontanément l'original.

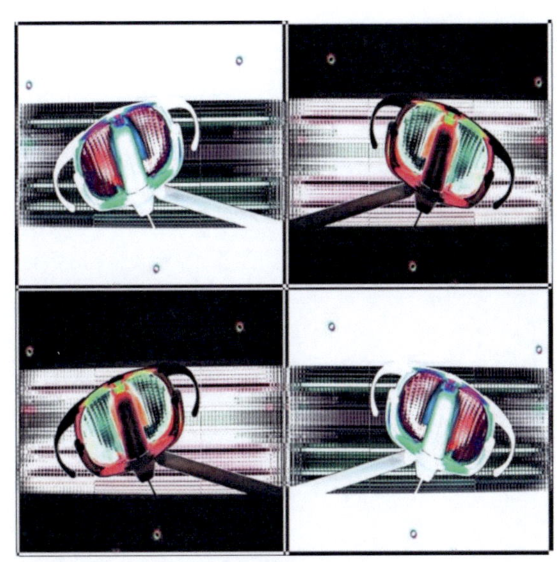

Digital praying mantises. 2007.

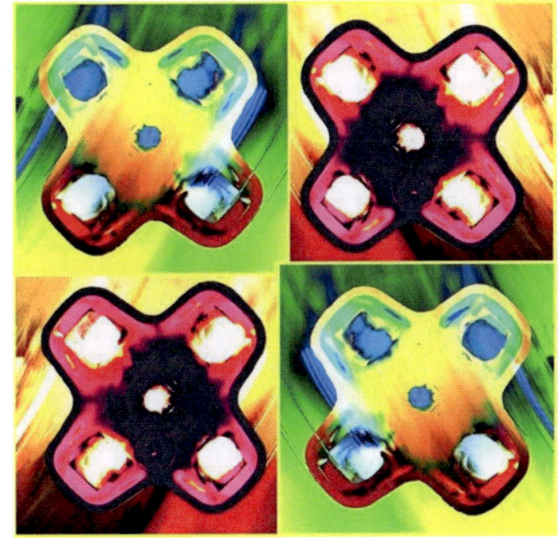

Qudrifolia. 2007.

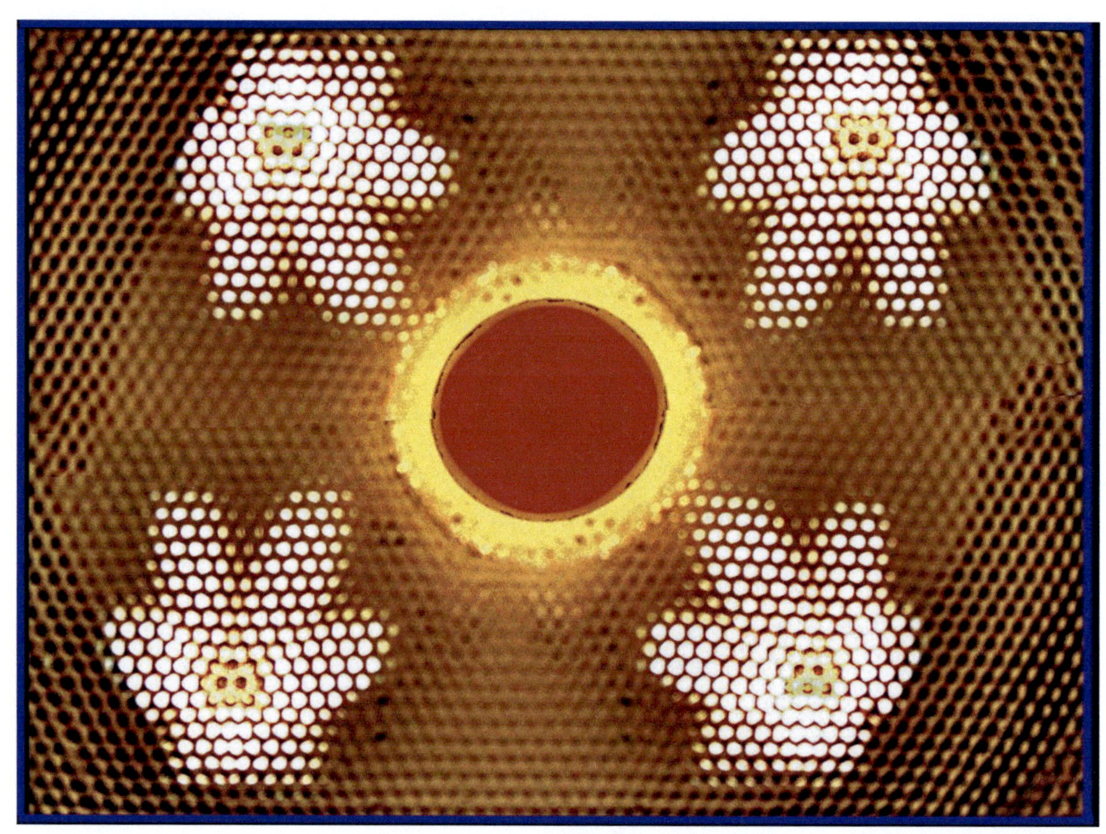

Elves around the Sun. 2007.

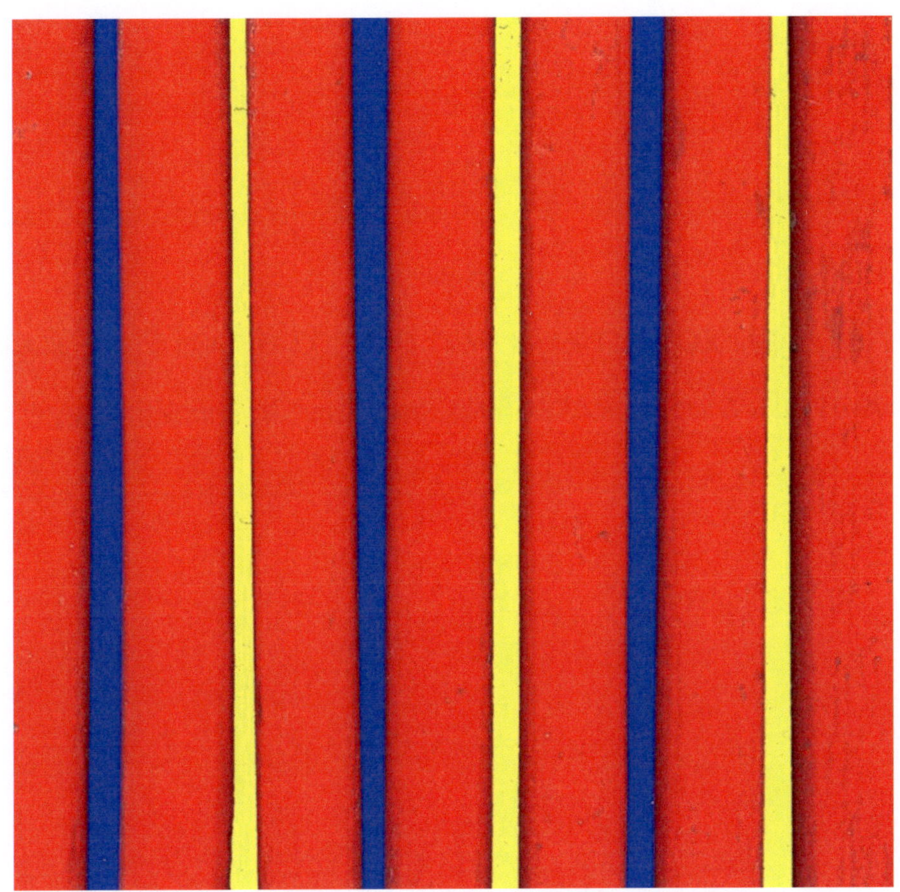

Bars in Red, Yellow and Blue. 2005.

Où, *in fine*, le photographe est en accord avec l'étymologie

du mot "photographie", "peindre avec la lumière"…

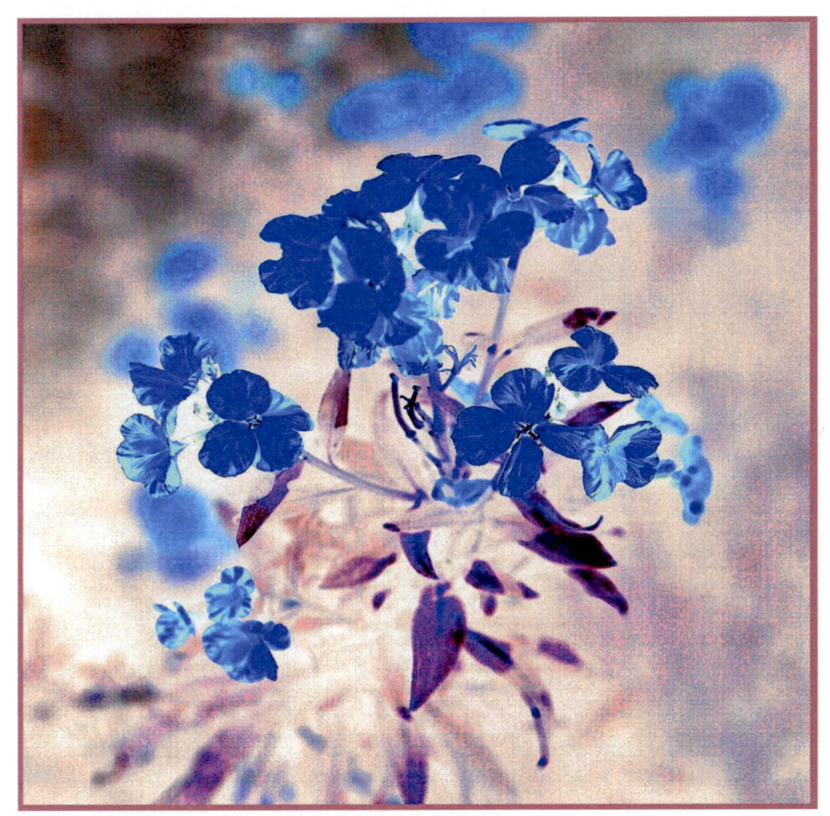

Floraison en bleu… 2009.

And so on …

© Studio Margnac 2024

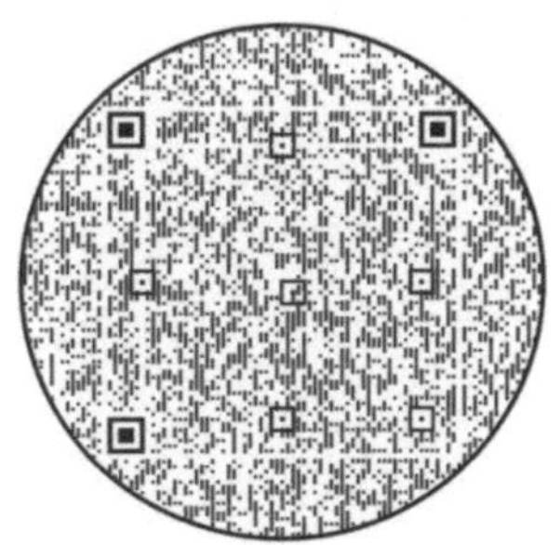

Pour une demande d'information sur les œuvres présentées, scannez ce QR Code.